BEI GRIN MACHT SICH IHR WISSEN BEZAHLT

- Wir veröffentlichen Ihre Hausarbeit, Bachelor- und Masterarbeit

- Ihr eigenes eBook und Buch - weltweit in allen wichtigen Shops

- Verdienen Sie an jedem Verkauf

Jetzt bei www.GRIN.com hochladen und kostenlos publizieren

Bibliografische Information der Deutschen Nationalbibliothek:

Die Deutsche Bibliothek verzeichnet diese Publikation in der Deutschen Nationalbibliografie; detaillierte bibliografische Daten sind im Internet über http://dnb.d-nb.de/ abrufbar.

Dieses Werk sowie alle darin enthaltenen einzelnen Beiträge und Abbildungen sind urheberrechtlich geschützt. Jede Verwertung, die nicht ausdrücklich vom Urheberrechtsschutz zugelassen ist, bedarf der vorherigen Zustimmung des Verlages. Das gilt insbesondere für Vervielfältigungen, Bearbeitungen, Übersetzungen, Mikroverfilmungen, Auswertungen durch Datenbanken und für die Einspeicherung und Verarbeitung in elektronische Systeme. Alle Rechte, auch die des auszugsweisen Nachdrucks, der fotomechanischen Wiedergabe (einschließlich Mikrokopie) sowie der Auswertung durch Datenbanken oder ähnliche Einrichtungen, vorbehalten.

Impressum:

Copyright © 2019 GRIN Verlag
Druck und Bindung: Books on Demand GmbH, Norderstedt Germany
ISBN: 9783668956216

Dieses Buch bei GRIN:

https://www.grin.com/document/471043

Anonym

Der Aufstieg des Luxemburgers Sigismund zum Kaisertum

GRIN Verlag

GRIN - Your knowledge has value

Der GRIN Verlag publiziert seit 1998 wissenschaftliche Arbeiten von Studenten, Hochschullehrern und anderen Akademikern als eBook und gedrucktes Buch. Die Verlagswebsite www.grin.com ist die ideale Plattform zur Veröffentlichung von Hausarbeiten, Abschlussarbeiten, wissenschaftlichen Aufsätzen, Dissertationen und Fachbüchern.

Besuchen Sie uns im Internet:

http://www.grin.com/

http://www.facebook.com/grincom

http://www.twitter.com/grin_com

Der Aufstieg des Luxemburgers Sigismund zum Kaisertum

Ostmitteleuropa im Spätmittelalter

Kurs

WS 2018/19

05. Februar 2019

Inhaltsverzeichnis

I. Einleitung 3

II. Sigismunds Aufstieg zum ungarischen und römisch-deutschen König 4

III. Konstanzer Konzil 9

IV. Hussitenkriege 11

V. Zusammenfassung 13

VI. Quellenverzeichnis und Literaturverzeichnis 14

I. Einleitung

Bei dem Spätmittelalter handelt es sich ein Thema, das in der Geschichtswissenschaft immer besondere Beachtung findet. Die Zeit zwischen dem 13. und 15. Jahrhundert markiert den Übergang von der Katastrophenzeit zu einer modernen Zeit, die von Humanismus, politischem Polyzentrismus, Renaissance und Reformationen geprägt ist. Charakteristisch für die Zeit nach dem Interregnum 1273 ist vor allem die Konkurrenz der Habsburger, Wittelsbacher und Luxemburger. In dem Machtkampf konnte sich das Herrscherhaus der Luxemburger, gerade durch die Regierungszeit Karl IV. etablieren. Die Luxemburger Dynastie gilt als Höhe und Wendung der Herrschaft des Spätmittelalters im Reich.

Bezüglich des Themas „Die Dynastie der Luxemburger" wird der Name von Kaiser Karl IV. hauptsächlich in der Forschungsliteratur erwähnt. Inzwischen hat sich der Schwerpunkt der Forschung allerdings differenziert und so werden die Untersuchungsbereiche der Person Sigismunds immer unterschiedlicher. Insbesondere Themen wie sein Aufkommen der ungarischen Krone, innere Konflikte mit seinem Bruder Wenzel, sein Engagement im Konstanzer Konzil und der Konflikt mit den Hussiten verdeutlichen die Vielfalt.

Er war nicht nur der König von Ungarn, später auch von Böhmen und des Heiligen Römischen Reiches, sondern trieb auch, wie ebenfalls sein Vater, die Kaiserkrone und wichtige Reformen voran. In dieser Arbeit werde ich mich hauptsächlich mit Sigismund beschäftigen. Zu den oben genannten Untersuchungen zählen Ereignisse wie der Verlauf seiner Kindheit, der Erwerb der ungarischen Königswürde und das Konstanzer Konzil.

Ein weiterer wichtiger Faktor in diesem Zusammenhang ist die Frage nach dem Ursprung und dem Verlauf der Hussitenkriege. Ich werde mich mit Sigismund Jugend ausführlicher beschäftigen, da er in dieser Phase seines Lebens die Grundlage seiner späteren Macht geschaffen hat, nämlich der königlichen Würde in Ungarn. Darüber hinaus werde ich seinen Konflikt mit Wenzel und die Verfolgung der böhmischen Königskrone untersuchen. In den letzten beiden Kapiteln werde ich mich einerseits mit dem Konstanzer Konzil befassen, wo mit Hilfe Sigismunds das Ende des abendländischen Schismas geführte wurde und andererseits mit den Ursachen der hussitischen Bewegung und des Kriegsverlaufs.

II. Sigismunds Aufstieg zum ungarischen und römisch-deutschen König

Sigismund von Luxemburg (tschechisch *Zikmund Lucemburský*, kroatisch *Žigmund Luksemburški,* ungarisch *Luxemburgi Zsigmond*) war das letzte männliche Mitglied des Hauses Luxemburg. Darüber hinaus war er eine der treibenden Kräfte hinter dem Konzil von Konstanz, welches das päpstliche Schisma beendete, aber auch zu den Hussitenkriegen führte, die die spätere Regierungszeit von Sigismund prägten.

Der in Nürnberg geborene Sigismund war der Sohn Kaiser Karl IV. des Heiligen Römischen Reiches und seiner vierten Frau Elisabeth von Pommern, der Enkelin des Königs Kasimir III. von Polen und der Urenkelin des Großherzogs von Litauen, Gediminas. Die Jugend von Sigismund wurde bereits von der luxemburgischen Machtpolitik und von der komplexen Ehepolitik des Vaters geprägt. Karl IV. hatte seinen Sohn schon in dessen Kindheit mit der Tochter des Nürnberger Burggrafen aus dem Haus Zollern verlobt. Diese Verbindung wurde jedoch bald wieder aufgehoben, denn der Burggraf einen eigenen Sohn erhielt[1].

Auf Grund der Tatsache, dass Ludwig der Große, König von Ungarn und ab 1370 von Polen, keinem Sohn hatte, konzentrierte Karl IV. seine Heiratspolitik auf den Osten[2]. König Ludwig der Große von Ungarn und Polen hatte immer eine gute und enge Beziehung zu Kaiser Karl IV. und daraufhin wurde 1375 die Vereinbarung einer Verlobung zwischen Sigismund mit König Ludwigs Tochter Maria geschlossen, die durch den Tod ihrer älteren Schwester Katharina im Jahr 1378 zur Haupterbin Ludwigs in Ungarn wurde[3]. Nach dem Tod seines Vaters 1378 wurde der junge Sigismund Markgraf von Brandenburg und an den ungarischen Hof geschickt, wo er bald die ungarische Sprache und Lebensweise erlernte und sich ganz seinem Wahlland widmete.

König Ludwig ernannte ihn zu seinem Erben und Nachfolger als König von Ungarn. Der damals 13-jährige Sigismund wurde 1381 von seinem ältesten Halbbruder und Vormund Wenzel IV. (auch Wenzeslaus IV.), römisch-deutscher König und König von Böhmen, nach Krakau geschickt, um Polnisch zu lernen und das Land und die Menschen kennenzulernen. König Wenzel IV. gab ihm auch Neumark, um die Kommunikation zwischen Brandenburg und Polen zu verbessern.

---

[1] Vgl.: Joseph Aschbach: Geschichte Kaiser Sigmunds. Sigmunds frühere Geschichte bis auf die Eröffnung des Constanzer Concilium, Hamburg 1838, S. 6-7.
[2] Vgl.: Harald Zimmermann: Das Mittelalter, II. Teil: Von den Kreuzzügen bis zum Beginn der großen Entdeckungsfahrten, Braunschweig 1979, S. 157-158.
[3] Vgl.: Martin Kintzinger: Sigismund (1410/1411-1437). Mit Jobst von Mähren (1410-1411), in: Bernd Schneidenmüller, Stefan Weinfurter (Hg.): Die Deutschen Herrscher des Mittelalters. Historische Portraits von Heinrich I. bis Maximilian I. (919-1519), München 2003, S. 463-464.

Die Meinungsverschiedenheit zwischen den Herren von Klein- und Großpolen über die Wahl des zukünftigen Königs von Polen endete schließlich mit der Wahl der litauischen Seite. Die Unterstützung der Herren von Großpolen reichte jedoch nicht aus, um Fürst Sigismund die polnische Krone zu verleihen. Stattdessen gaben die Herren von Kleinpolen diese an Marias jüngere Schwester Jadwiga I. aus Polen (auch Hedwig von Anjou), die Jogaila (auch Wladyslaw II. Jagiello, als er zum König von Polen gekrönt wurde) heiratete.

Als König Ludwig 1382 starb, wurde der Thronanspruch Sigismunds schwierig. Auch die Situation in Ungarn verschlechterte sich für ihn und die polnische Krone blieb ihm jedoch verwehrt, sie war der jüngster Tochter Hedwig bestimmt[4]. So wurde Maria am 11. September 1382 zur Königin von Ungarn gekrönt, aber aufgrund ihrer Minderjährigkeit übernahm zunächst Königin Elisabeth die Regentschaft. Diese verfolgte die Verdrängung von Sigismund aus Ungarn, löste 1385 das Engagement mit Maria auf und versprach dieses Ludwig von Orleans.

Obwohl die Chancen auf den ungarischen Thron sehr gering waren, bewies Sigismund seine diplomatischen Fähigkeiten wie auch seine rückhaltlose Entschlossenheit, überraschend gelang es ihm, die Lage zu seinen Gunsten zu ändern[5]. Er konnte die Unterstützung von König Wenzel IV. und Markgraf Jobst von Mähren erhalten, aber diese Hilfe war teuer. Mit einer kleinen Streitmacht konnte Sigismund Teile Ungarns erobern und sich damit die Unterstützung des Adels sichern.

In derselben Zeit, also Ende 1385, landete der König von Neapel, Karl III., in Dalmatien und erhob Anspruch auf den ungarischen Thron, wodurch eine Verbindung zwischen Ungarn und Frankreich verhindert wurde. Die Folge war, dass auf Druck der Witwe des Königs, Elisabeth 1385 einer Ehe Sigismunds mit Maria zustimmte. Nach der Ermordung von König Karl III. wurden Elisabeth und Maria in Südungarn von Aufständischen gefangengenommen. Sigismund wurde am 31. März 1387 in Székesfehérvár (Stuhlweißenburg) zum König von Ungarn gekrönt. Während Elisabeth wenig später verstarb, gelang es Sigismund, Maria zu befreien.

Die Wiederherstellung der Autorität der Zentralverwaltung erforderte jahrzehntelange Arbeit, wobei der Großteil der Nation unter der Führung des Hauses Garai an seiner Seite war. In den südlichen Provinzen zwischen der Sava und der Drau proklamierten die Horvaths mit der Unterstützung von König Tvrtko I. von Bosnien, Marias Onkel, ihren König Ladislaus, den

---

[4] Vgl.: Joseph: Geschichte, S. 12-13.
[5] Vgl.: Martin: Sigismund, S. 465-466.

König von Neapel und Sohn des ermordeten Karls III. von Ungarn. Erst 1395 gelang es Nikolaus II. Garai, sie zu unterdrücken. Um den Druck der ungarischen Adligen abzubauen, versuchte Sigismund ausländische Berater zu beschäftigen, die nicht beliebt waren, und er musste versprechen, das Land und die Nominierungen nicht ungarischen Adligen zu geben.

Dies wurde jedoch nicht auf Stibor von Stiborice angewendet, der Sigismunds engster Freund und Berater war. Sigismund wurde mehrmals von Adligen inhaftiert, doch mit Hilfe der Armeen von Garai und Stibor von Stiborice konnte er die Macht wiedererlangen. Nachdem seine Frau Maria am 17. Mai 1395 starb und die Ehe kinderlos blieb, konzentrierte sich Sigismund vor allem auf die Errichtung seiner Herrschaft und die unmittelbare Gefahr aus dem Osten. Seit den siebziger Jahren des 14. Jahrhunderts entwickelte sich die osmanische Expansion in Richtung Osteuropa und erreichte ihren Höhepunkt um 1390.

Darüber hinaus hatte Sigismund das Problem, dass seine Position in Ungarn unsicher war. Auf Grund der anhaltenden Knappheit an Finanzmitteln, appellierte er an Rom, einen Kreuzzug gegen die Osmanen aufzurufen[6]. Dieser Kreuzzug, der von Papst Bonifatius IX. propagiert wurde, war in Ungarn sehr beliebt. Die Adligen strömten zu Tausenden zur königlichen Standarte und wurden von Freiwilligen aus fast ganz Europa verstärkt. Das wichtige Kontingent war das der Franzosen, die von Johannes dem Fruchtlosen, Sohn von Philipp II., Herzog von Burgund, geführt wurde.

Nach dem Einnehmen Vidins lagerte er mit seinen ungarischen Armeen vor der Festung von Nikopolis. Sultan Bayezid I. hob die Belagerung von Konstantinopel auf und besiegte die christlichen Streitkräfte in der Schlacht von Nikopolis, die zwischen dem 25. und 28. September 1396 stattfand. Während der Sultan viele Gefangene hinrichtete oder in die Sklaverei führte, konnte Sigismund mit einem venezianischen Schiff nach Konstantinopel fliehen. Obwohl die Osmanen nicht weiter vorrückten, war die Herrschaft von Sigismund bedrohter als je zuvor[7].

Diese Gefahr bestand nicht nur außerhalb Ungarns, sondern seit dem Tod Marias auch innerhalb. Sigismund reagierte ab 1397 auf die Schwierigkeiten im politischen und militärischen Bereich. Einerseits bewies er sein diplomatisches Geschick und konnte erfolgreich einen Kompromiss mit Hedwig von Polen aushandeln, die auf ihren Anspruch über Ungarn verzichtete[8]. Andererseits bewies er seine Fähigkeiten im politischen Bereich, wobei der Schwerpunkt auf der Reform der Militärverfassung lag. Daher wurde 1397 auf dem

---

[6] Vgl.: Ulrich Knefelkamp: Das Mittelalter. Geschichte im Überblick, Paderborn 2003, S. 326-327.
[7] Vgl.: Joseph: Geschichte, S. 105-106.
[8] Vgl.: Martin: Sigismund, S. 469-470.

Reichstag von Temesvar auf der Grundlage der Goldenen Bulle ein Legislativpaket mit 70 Absätzen angenommen. Sigismund konnte so die Neuorganisation des Militärs fördern, wobei die wichtigste Entscheidung die Einrichtung einer ständigen Miliz war.

Weiterhin wurde beschlossen, die Rechte der Kirche zu begrenzen, ergo die kirchlichen Einkünfte zugunsten des heimischen Klerus und der Söhne des Adels zu beschränken[9].

Sigismund, der seine Herrschaft sukzessive sichern konnte, musste in dieser Zeit jedoch noch ein anderes Problem lösen, das sich auf den dynastischen Konflikt zwischen Wenzel IV. und Sigismund bezog. Der Streit wurde später durch den Cousin Jost von Mähren verstärkt. Trotz seiner Unbeständigkeit und damit Unsicherheit als Verbündeten von Sigismund schlossen sich beide dem Widerstand gegen Wenzel IV. an.

Sigismund sah in der Schwäche seines Bruders, als römisch-deutscher König, eine drohende Gefahr für die Stellung des Herrscherhauses der Luxemburger[10]. Mit Jost und Herzog Albrecht III. von Österreich hatte er schon 1390 eine Liga geschlossen, die gegen Wenzel IV. gerichtet war und 1393 erneuert wurde. Andererseits hatte Sigismund 1394 einen inoffiziellen Vertrag mit Wenzel IV. geschlossen, dass der einen Bruder den anderen beerben sollte[11]. Hieran wird deutlich, wie komplex die Familienpolitik von Sigismund war. So verbündete er sich einerseits gegen seinen Bruder und andererseits schloss er mit diesem einen geheimen Erbvertrag ab.

Wegen der Drohung der Absetzung Wenzels IV. als Römisch-Deutscher König drängte Sigismund seinen Bruder nach Italien aufzubrechen, um sich dort als Kaiser krönen zu lassen. Er folgte dem Druck, aber zu spät, denn bereits am 20. August 1400 war die Absetzung vor allem vom Mainzer Erzbischof vorangetrieben worden. Begründet wurde die Enthebung mit Beschuldigungen wie zum Beispiel, dass Wenzel IV. das Schisma nicht beenden konnte und demzufolge keinen den Frieden innerhalb der Kirche sowie des Reiches schuf. Der abgesetzte König schwor daraufhin Rasche und begann seine Verbündeten um sich zu sammeln[12].

Ein Jahr später ereignete sich ein weiterer Skandal für das Genderhaus der Luxemburger und Sigismund wurde wegen innerer Schwierigkeiten am 28. April 1401 festgenommen. Einige Magnaten forderten die Absetzung, konnten sich jedoch nicht auf einen Nachfolgekandidaten einigen. Als Sigismund ein halbes Jahr später mit Hilfe der Garai-Gruppe

---

[9] Vgl.: Jörg K. Hoensch: Kaiser Sigismund. Herrscher an der Schwelle zur Neuzeit 1368-1437, München 1996, S. 88-89.
[10] Vgl.: Martin: Sigismund, S. 470-471.
[11] Vgl.: Ulrich: Das Mittelalter, S. 328-329.
[12] Vgl.: Joseph: Geschichte, S. 150-151.

freigelassen wurde, verlobte er sich 1401 mit der Gräfin Barbara von Cilli, deren Verwandten er seine Befreiung schuldete.

Die Entlassung von Wenzel IV. bedeutete eine Schwächung der luxemburgischen Macht, aber Sigismund profitierte rückwirkend davon. Sigismund, der seinem Bruder zur Wiedererlangung der Königswürde verhelfen wollte, erhielt 1402 in Hradec Králové das Amt des Statthalters über Böhmen sowie den böhmischen Königsthron nach dem Tod von Wenzel IV[13]. Obwohl Sigismund bereits König von Ungarn war und auch das Recht hatte, die königliche Dynastie über Böhmen zu erben, verfolgte er jedoch das ehrgeizige Ziel, ein Römisch-Deutscher König zu werden.

Mit dem Ableben Ruprechts von der Pfalz begann das intensive Streben nach königlicher Würde, was einen erneuten Konflikt im Haus Luxemburg hervorbrachte. Der Streit kann darauf zurückgeführt werden, dass Wenzel IV., Jobst und Sigismund als Nachfolger von Ruprecht gewählt werden wollten. In der Wahlrunde am 01. Oktober 1410 konnte sich Jobst von Mähren mit vier Stimmen durchsetzen, mit einer Stimme mehr als Sigismund und zwar der von Wenzel IV. Der neu gewählte König starb am 18. Jänner 1411 unter ungeklärten Umständen. Da Jobst keinen männlichen Erben hinterlassen hatte, fielen die Markgrafschaft und die Kurstimme an Sigismund.

Mit seinem Bruder Wenzel IV. teilte er sein Erbe und bekam seine Stimme in königlicher Würde, weshalb der Weg zu den Königswahlen für Sigismund nun frei war. Am 21. Juli 1411 wurde Sigismund schließlich zum Römisch-Deutschen König gewählt, allerdings wurde trotz seines Erfolges seine Herrschaft von verschiedenen Aspekten überschattet. Neben seiner ständig angespannten finanziellen Situation fehlte ihm die notwendige Hausmacht im Reich, um die Reichspolitik erfolgreich ausüben zu können. Darüber hinaus wurde sein Regieren durch den Konflikt innerhalb der Kirche beeinflusst, der seine Position prägte und dementsprechend in der ungarischen Kirchenpolitik von 1397 bis zum Konstanzer Konzil wichtig war.

Sigismund, der zwar in Ungarn eher gegen die Kirche fungierte und ihre Rechte beschnitt, war jedoch durch das Konzil bemüht, das Abendländische Schisma zu beenden[14].

---

[13] Vgl.: Wilhelm Baum: Kaiser Sigismund. Hus, Konstanz und Türkenkriege, Köln 1993, S. 43-44.
[14] Vgl.: Ulrich: Das Mittelalter, S. 330-331.

III. Konstanzer Konzil

Der Ausgangspunkt für das Konzil in Konstanz war die Krise der Kirche im späten Mittelalter, aufgrund des abendländischen Schismas. Charakteristisch für den Disput und folglich primärer Verhandlungspunkt war die Tatsache, dass es drei Päpste gab: Gregor XII., Benedikt XIII. (Gegenpapst) und Johannes XXIII. (Gegenpapst)[15]. Die Konflikte in Rom und die Vertreibung von Papst Johannes XXIII. aus Rom gaben Sigismund die Gelegenheit, den Papst zur Einberufung eines Konzils zu drängen.

So gelang es ihm einerseits, wichtige Reformen vor allem in der Kirche voranzutreiben, und andererseits, seine kaiserliche Krönung in Italien zu festigen. Nur zwei Tage vor der offiziellen Eröffnung kam Jan Hus in Konstanz an, wo am 05. November 1414 das Konzil von Papst Johannes XXIII. eröffnet wurde.

Die wichtigsten zu erreichenden Ziele waren demnach die Beseitigung des Schismas (Causa Unionis) als erste Aufgabe, als zweite Aufgabe die Reform der Kirche (Causa Reformationis) und Drittens die Reinheit der Kirche (Causa Fidei), ergo der Fall Jan Hus[16]. Obwohl sie eine wichtige Rolle bei den Verhandlungen spielten, ignorierte Benedikt XIII. die Einladung und Gregor XII. schickte nur Botschafter. König Sigismund kam mit seiner Frau erst am 24. Dezember 1413 in Konstanz an. Das Konzil bemühte sich zunächst um eine eilige Beseitigung des westlichen Schismas, die Absetzung der Päpste und die Wahl eines neuen Papstes.

Infolgedessen erklärte sich Gregor XII. bereit, seinen Rücktritt anzubieten. Die Entscheidung seines Gegners wurde von Johannes XXIII. unter Druck getroffen und er stimmte der Absetzung zu. Zunächst konnte er die Amtsenthebung verhindern, weil er bei Friedrich IV. von Tirol nachsuchte und hoffte, dass das Konzil aufgelöst würde, allerdings wurde seine Erwartung nicht erfüllt. Stattdessen wurde Friedrich von Tirol von Sigismund unterworfen, Johannes XXIII. ergriffen und nach Konstanz zurückgebracht, wo er Ende Mai 1415 abgesetzt wurde[17].

Bevor die Wahl eines neuen Papstes stattfinden konnte, fehlte nur noch die Absetzung von Benedikt XIII., der ins Exil geflüchtet war. Wieder musste Sigismund handeln und reiste nach Südfrankreich, um dort mit den Königreichen Aragonien und Kastilien (Spanien) zu verhandeln. Erneut bewies Sigismund seine diplomatischen Fähigkeiten, denn aufgrund der

---

[15] Vgl.: Walter Brandmüller: Das Konzil von Konstanz 1414-1418. Bis zur Abreise Sigismunds nach Narbonne, Paderborn 1999, S. 5-6.
[16] Vgl.: Martin: Sigismund, S. 475-476.
[17] Vgl.: Ulrich: Das Mittelalter, S. 332-333.

erfolgreichen Verhandlungen verkündeten die iberischen Könige, dass der Papst nicht mehr Gehorsam fordern könne. Die Folge war, dass Benedikt XIII. sich bis zu seinem Tod auf den Familienbesitz in Valencia zurückzog und somit die Entlassung und Wiederwahl stattfinden konnten. Mit der Absetzung der drei Päpste war der Weg für einen neuen und vor allem einheitlichen Papst frei. Am 11. November 1417 erfolgte die Wahl von Papst hieß Martin V[18]. Im selben Jahr befasste sich das Konzil mit der Causa Reformationis, der Reform der Kirche. Wie bereits erwähnt, war das dritte große Projekt, die Causa Fidei, die Reinheit der Kirche.

Aufgrund seiner bevorstehenden Entlassung versuchte Papst Johannes XXIII. das Konzil auf das Problem des in die Stadt Bodensee eingeladenen Jan Hus aufmerksam zu machen. So begannen die Verhandlungen gegen Hus. Er hatte sich schuldig gemacht, Häresie zu betreiben und seine ketzerischen Lehren im Prozess gegen ihn zu verteidigen. Trotz der Berufung auf den königlichen Schutz wurde er später verhaftet. Die Gerichtsverhandlungen wurden mehrmals unterbrochen, weil er unter heftigem Widerstand und Einspruch protestierte. Die Folge war das Todesurteil gegen Hus.

Die Reinheit der Kirche sollte mit der Verbrennung des böhmischen Rebellen Jan Hus abgeschlossen werden, allerdings verschlechterte die Situation sich eher. Sigismund, der Hus sichere Passage versprochen hatte, brach sein Wort und Hus starb aufgrund seiner Überzeugung als Märtyrer. Sein Tod auf dem Scheiterhaufen am 06. Juli 1415 zog katastrophale religiöse und politische Folgen nach sich. In seiner Heimat Böhmen kam es zu Volksaufständen und den späteren Hussitenkriegen des 15. Jahrhunderts[19].

---

[18] Vgl.: Jörg: Kaiser Sigismund, S. 221-249
[19] Vgl.: Jörg K. Hoensch: Geschichte Böhmens. Von der slawischen Landnahme bis zur Gegenwart, München 1997, S. 142-143.

IV. Hussitenkriege

Der eigentliche Ausgangspunkt für die Verbreitung der Doktrin des Hussitismus war die Verbrennung des böhmischen Gelehrten Jan Hus. Mit dem Ende des Konzils von Konstanz begannen 1419 blutige Auseinandersetzungen zwischen König und Kirche gegen die Anhänger der Hussitenbewegung. Sigismund konnte dieses rebellische Verhalten nicht akzeptieren und intervenierte in dem Konflikt.

Es entwickelte sich folglich ein Disput zwischen Hussiten und Katholiken, der bis in die dreißiger Jahre des 15. Jahrhunderts andauerte. Denn erst da gelang Sigismund die unbotmäßige Bewegung niederzuschlagen[20]. 1419 hatten sich die Fronten zwischen den beiden Seiten verhärtet und insbesondere die hussitische Bewegung wurde immer radikaler. Schon zu Lebzeiten von Wenzel IV., der den Unruhen in Böhmen nicht ausreichend entgegentrat, war bereits klar, dass der Konflikt militärisch geführt werden musste, weshalb es dann am 30. Juni 1419 zum Skandal kam.

Radikale Anhänger der hussitischen Bewegung stürmten unter der Führung von Johann von Seelau das Prager Rathaus und warfen einige Ratsherren aus dem Fenster. Dieser Prager Fenstersturz bildete den Auftakt zu mehreren Kriegen. Einigen Wochen später, am 16. August, verstarb König Wenzel IV. und die Stadt versank für mehrere Wochen im Chaos[21]. Die angespannte Situation konnte in den folgenden Jahren nicht verbessert werden, im Gegenteil, der Konflikt eskalierte, weil Sigismund, der nach dem Tod seines Bruders die Regentschaft übernehmen wollte, die Anerkennung als neuer König von Böhmen verweigert wurde. Der Grund dafür war, dass Jan Hus trotz Sigismunds Begleitschreiben hingerichtet wurde. Die Herrschaft der Luxemburger über Böhmen war daher gefährdet und forderte eine aktive Herangehensweise von Sigismund.

1420 berief er einen Reichstag nach Breslau, wo Maßnahmen gegen die aufständischen hussitischen Bewegungen ergriffen wurden. In der Folgezeit wurden zwar zunehmend Kreuzritterarmeen in Böhmen stationiert, aber Sigismund musste die Erfahrung machen, dass die hussitischen Anhänger der Armee des Königs zahlreiche Niederlage bescherten. Die böhmischen Hussiten setzten ihre Reformen weiterhin diplomatisch durch. So boten sie dem polnischen König zuerst die Krone an, und als er dies ablehnte, dem litauischen Großherzog. Er konnte jedoch nicht zwischen den Streitparteien im Land vermitteln, erklärte seinen Verzicht auf den Thron und konnte sich erst später durchsetzen.

---

[20] Vgl.: Sabine Wefers: Das politische System Kaiser Sigismunds, Stuttgart 1989, S. 73-74.
[21] Vgl.: Peter Moraw: Von offener Verfassung zu gestalteter Verdichtung. Das Reich im späten Mittelalter 1250 bis 1490, Berlin 1985, S. 374-375.

Im Zentrum der hussitischen Armee standen die Taboriten, die den Katholiken eine schwere Niederlage zufügten. Ab 1426 wurden die Übergriffe der Hussiten auch über Böhmen, Sachsen, Schlesien, Brandenburg, Franken und Österreich hinaus verlegt. Die Bewegung der Hussiten konnte zwar einige bedeutende militärische Erfolge erzielen, jedoch waren sie sich nach innen uneinig und nach außen isoliert. Zudem gelang es ihnen nicht einmal ganz Böhmen für ihre Sache zu gewinnen[22]. Sigismund bezweifelte nach der Schlacht von Taus 1431 (auch Schlacht von Domažlice), dass der Konflikt mit Waffengewalt beendet werden könnte, weshalb er infolgedessen seine diplomatischen Fähigkeiten wiedereinsetzte. Auf dem 1431 in Basel begonnenen Konzil gab es langwierige und schwierige Verhandlungen. Das Ergebnis war 1433 die Anerkennung der sogenannten Basler Kompakten, die die vier Prager Artikel enthielten.

Im Jahr 1434 endete bei Lipany (auch Lipan) die Entscheidungsschlacht mit einer verheerenden Niederlage, der bis dahin weiterhin kämpfenden Taboriten. Danach fand sich der gemäßigte Flügel der hussitischen Bewegung mit Sigismund als König von Böhmen ab[23]. Sein größtes Ziel erreichte er am 31. Mai 1433, als er in Rom zum Kaiser gekrönt wurde. Zudem war er auch der letzte Kaiser aus der Dynastie der Luxemburger. Am 09. Dezember 1437 starb Sigismund.

---

[22] Vgl.: Ebenda., S. 376-377.
[23] Vgl.: Martin: Sigismund, S. 483-484.

V. Zusammenfassung

Die Luxemburger Dynastie scheint sich zu Beginn der Neuzeit in der Forschungsliteratur manifestiert zu haben. Nur die Zeit nach dem Interregnum und der erste Vertreter des Königs sind ebenso wichtig wie der territoriale Gewinn Böhmens. Obwohl Karl IV. im Sinne des Luxemburger Kaisers als wichtigste Figur des Herrschers in der Literatur erwähnt wird, entwickelte sich Sigismund allmählich zu einem elementaren Part in der Geschichte der Dynastie.

Er war ein Herrscher, der in seiner Jugend die ungarische Königskrone erlangen konnte und später sein Königreich auf Böhmen und das Heilige Römische Reich ausdehnte. Sigismund, der in der Literatur einerseits als erfahrener Diplomat und kluger Herrscher beschrieben wird, wird andererseits als ein König bezeichnet, der kein Kriegsherr war, ständig Geld brauchte und seine Macht im Tode seiner Verwandten aufbaute.

Sigismunds Engagement zeigte sich in der Beseitigung des abendländischen Schismas, aber auch im gebrochenen Wort des böhmischen Gelehrten Jan Hus. Zusammenfassend kann gesagt werden, dass die Regierungszeit von Kaiser Sigismund die Zeit nach seinem Tod geprägt hat, und dass er einen wichtigen Teil der Geschichtswissenschaft darstellt.

VI. Quellenverzeichnis und Literaturverzeichnis

Quellen

Aschbach, Joseph: Geschichte Kaiser Sigmunds. Sigmunds frühere Geschichte bis auf die Eröffnung des Constanzer Conciliums, Hamburg 1838.

Literaturen

Baum, Wilhelm: Kaiser Sigismund. Hus, Konstanz und Türkenkriege, Köln 1993.

Brandmüller, Walter: Das Konzil von Konstanz 1414-1418. Bis zur Abreise Sigismunds nach Narbonne, Paderborn 1999.

Hoensch, Jörg K.: Kaiser Sigismund. Herrscher an der Schwelle zur Neuzeit 1368-1437, München 1996.

Hoensch, Jörg K.: Geschichte Böhmens. Von der slawischen Landnahme bis zur Gegenwart, München 1997.

Kintzinger, Martin: Sigismund (1410/11-4137). Mit Jobst von Mähren (1410-1411), in: Scheidenmüller, Bernd und Weinfurter, Stefan (Hg.): Die Deutschen Herrscher des Mittelalters. Historische Portraits von Heinrich I. bis Maximilian I. (919-1519), München 2003, S. 462-485.

Knefelkamp, Ulrich: Das Mittelalter. Geschichte im Überblick, Paderborn 2003.

Moraw, Peter: Von offener Verfassung zu gestalteter Verdichtung. Das Reich im späten Mittelalter 1250 bis 1490, Berlin 1985.

Wefers, Sabine: Das politische System Kaiser Sigismunds, Stuttgart 1989.

Zimmermann, Harald: Das Mittelalter II. Teil: Von den Kreuzzügen bis zum Beginn der großen Entdeckungsfahrten, Braunschweig 1979.

BEI GRIN MACHT SICH IHR WISSEN BEZAHLT

- Wir veröffentlichen Ihre Hausarbeit, Bachelor- und Masterarbeit

- Ihr eigenes eBook und Buch - weltweit in allen wichtigen Shops

- Verdienen Sie an jedem Verkauf

Jetzt bei www.GRIN.com hochladen und kostenlos publizieren